コロナ時代の

経営心得

大川隆法

Ryuho Okawa

コロナ時代の経営心得　目次

コロナ時代《じだい》の経営《けいえい》心得《こころえ》

①

コロナ時代《じだい》でも、人間嫌《にんげんぎら》いにはなるな。

②

コンピュータは、常《つね》に必要《ひつよう》かどうかを考《かんが》えよ。

③

仕事《しごと》に行《い》き詰《づ》まったら、常《つね》に整理《せいり》整頓《せいとん》をやりなさい。

④

最《さい》後《ご》の不《ふ》況《きょう》対《たい》策《さく》は、「口《くち》コミ」である。

⑤

汗《あせ》を流《なが》している時《とき》、アイデアは浮《う》かんでくるものだ。

⑥

新聞《しんぶん》、テレビ、週刊《しゅうかん》誌《し》、ネットだけで、商売《しょうばい》のネタを探《さが》している人《ひと》は、タネが切《き》れる。

⑦

他人《ひと》の成功《せいこう》に学《まな》ぶのは秀才《しゅうさい》。他人《ひと》の失敗《しっぱい》に学《まな》ぶ人《ひと》は、秀才《しゅうさい》を超《こ》える。

⑧ 呪《のろ》いは嫉妬《しっと》から発生《はっせい》すると心得《こころえ》よ。

⑨

他人《ひと》を呪《のろ》わば、穴《あな》二《ふた》つ。
自《じ》分《ぶん》の墓《ぼ》穴《けつ》も掘《ほ》っている。

⑩

大名《だいみょう》商売《しょうばい》をするな。千人《せんにん》のお客様《きゃくさま》のうち、買《か》ってくれるのは三人《さんにん》だ。

⑪

モノを作《つく》るだけで売《う》らなければ、収入《しゅうにゅう》はゼロである。

⑫

社会主義的計画経済《しゃかいしゅぎてきけいかくけいざい》は、必《かなら》ず失敗《しっぱい》する。表《ひょう》と数字《すうじ》しか見《み》ていないからである。

⑬

病気《びょうき》の時《とき》に受《う》けた恩《おん》を人《ひと》は忘《わす》れない。

⑭

ゼロ金利《きんり》は、ゼロ成長《せいちょう》ということである。

⑮

牛《うし》の吐《は》くメタンガスによる地《ち》球《きゅう》温《おん》暖《だん》化《か》を唱《とな》えている人《ひと》には、飢《う》え死《じ》にしてもらうしかない。

⑯

コロナウィルスも、しょせん、小《ちい》さな悪霊《あくれい》の集団《しゅうだん》憑依《ひょうい》である。

⑰

憑依《ひょうい》した悪霊《あくれい》の取《と》り方《かた》を学《まな》ぶには、幸福《こうふく》の科学《かがく》に来《く》るのが一番《いちばん》である。

⑱

幸福《こうふく》の科学《かがく》の『コロナウィルス撃退曲《げきたいきょく》』で、二時間《にじかん》あれば、悪質《あくしつ》ウィルス十万匹《じゅうまんびき》は逃《に》げ出《だ》す。

⑲

信仰《しんこう》薄《うす》き者《もの》は、コロナ変異株《へんいかぶ》に対抗《たいこう》できない。

⑳

信仰《しんこう》篤《あつ》き者《もの》は、神仏《しんぶつ》の光《ひかり》で、悪質菌《あくしつきん》を滅菌《めっきん》し、痰《たん》として排出《はいしゅつ》する。

㉑

失望《しつぼう》は、悪魔《あくま》の最大《さいだい》の武器《ぶき》である。

㉒

希望《きぼう》は、神仏《しんぶつ》の垂《た》らす一条《いちじょう》の蜘蛛《くも》の糸《いと》である。

㉓

レンガ一《いっ》個《こ》は持《も》ち上《あ》げられる。しかし、壁《かべ》全体《ぜんたい》は持《も》ち上《あ》がらない。細《さい》分《ぶん》化《か》の原《げん》理《り》を使《つか》え。

㉔

腹《はら》八《はち》分《ぶん》目《め》、欲《よく》八《はち》分《ぶん》目《め》。

㉕

過去《かこ》の疫病《えきびょう》も、人類《じんるい》は生《い》き抜《ぬ》いた。天《てん》の間引《まび》きに
耐《た》えよ。

㉖

エゴイストが何《なん》人《にん》集《あつ》まっても、エゴイストの集《しゅう》団《だん》である。

㉗

駒《こま》を取《と》ったり、取《と》られたり。それが将棋道《しょうぎどう》。ほめられたり、叱《しか》られたり。それが商人道《しょうにんどう》。

㉘

無神論《むしんろん》・唯物論《ゆいぶつろん》の宗教家《しゅうきょうか》は、一人《ひとり》残《のこ》らず詐欺師《さぎし》である。

㉙

詐欺師《さぎし》は、いつも人《ひと》のふところを狙《ねら》っている。疑《ぎ》似餌《じえ》に釣《つ》られる魚《さかな》となるな。

㉚

新《あたら》しい価《か》値《ち》を生《う》み出《だ》せ。それは、確実《かくじつ》に、売《う》れる。

㉛

素材《そざい》が悪《わる》いか、腕《うで》が悪《わる》いか、見栄《みば》えが悪《わる》いか、売《う》り方《かた》が悪《わる》いか。この点検《てんけん》を越《こ》えて、「商品《しょうひん》」が生《う》まれる。

㉜

客《きゃく》が来《こ》なければ、常《つね》に原因《げんいん》を考《かんが》えよ。

㉝

人《ひと》は美《うつく》しいものに魅《ひ》かれる。しかし、フェイク（偽《にせ》物《もの》）だと判《わか》ると、見向《みむ》きもしない。

㉞

エゴイストの商品《しょうひん》やサービスは捨《す》てられる。相手《あいて》への愛《あい》がないからである。

㉟

一瞬《いっしゅん》の出会《であ》いを見逃《みのが》すな。相手《あいて》の人物《じんぶつ》を見《み》ぬくことである。

㊱

世間《せけん》は常《つね》に正《ただ》しい。しかし、ニュースは、バイアスがかかって、間違《まちが》って伝《つた》えられることが多《おお》い。

㊲

不況《ふきょう》の時《とき》に伸《の》びる会社《かいしゃ》こそ、真《しん》に実力《じつりょく》がある会社《かいしゃ》である。

㊳

ドンブリ勘定《かんじょう》は、「家族経営《かぞくけいえい》のお店《みせ》」までである。

㊴

嫌《きら》われる人《ひと》は当選《とうせん》しない。嫌《きら》われる人《ひと》の店《みせ》は潰《つぶ》れる。

㊵

政府《せいふ》や外国《がいこく》におねだりするだけの人《ひと》は、いずれ捨《す》て去《さ》られる。

㊶

国防《こくぼう》をおろそかにして、しかも、財政《ざいせい》赤字《あかじ》が増大《ぞうだい》する国《くに》は滅《ほろ》ぶしかない。

㊷

他《た》国《こく》を奪《うば》い取《と》ることしか考《かんが》えてない国《くに》も、必《かなら》ず経《けい》済《ざい》的《てき》に破滅《はめつ》する。

㊸

あなたは何回《なんかい》「自慢《じまん》」して、何回《なんかい》「謝《あやま》った」か。

㊹

他人《ひと》を心《こころ》の中《なか》で小《こ》バカにしている人《ひと》は、鼻《はな》の穴《あな》がピクピクと開《ひら》く。

㊺

田《た》は分割《ぶんかつ》したら、収穫《しゅうかく》が少《すく》なくなる。しかし、事業《じぎょう》は分割《ぶんかつ》したら、それぞれに大《おお》きくならなければならない。

㊻

事業《じぎょう》を分割《ぶんかつ》して、役職者《やくしょくしゃ》を増《ふ》やすだけなら、経費増《けいひぞう》大《だい》の役所化《やくしょか》にすぎない。

㊼

会社《かいしゃ》の賃金《ちんぎん》を上《あ》げよ、休日《きゅうじつ》は増《ふ》やせと政府《せいふ》が言《い》う時《とき》は、不況《ふきょう》を奨励《しょうれい》しているのだ。

㊽

企《き》業《ぎょう》の内《ない》部《ぶ》留《りゅう》保《ほ》を減《へ》らしたければ、政《せい》府《ふ》は、賃《ちん》上《あ》げと消《しょう》費《ひ》をすすめるのだ。

㊾

「ダム経営《けいえい》」は、百人《ひゃくにん》に一人《ひとり》もできない。借金《しゃっきん》と投《とう》機《き》は、万人《ばんにん》がやりたがる。

㊿

信念《しんねん》のない経営《けいえい》は、挫折《ざせつ》の運命《うんめい》が待《ま》っている。

51

正直《しょうじき》でなければ、説得力《せっとくりょく》が出《で》て来《こ》ない。

㊾52

美人《びじん》の嘘《うそ》つきは、赤《あか》サギ（詐欺《さぎ》）候補《こうほ》である。

㊿③

夫婦《ふうふ》げんかでもすぐにキレるな。ゴムマリのような弾力《だんりょく》を持《も》て。

㊹

親子《おやこ》で経営《けいえい》する時《とき》には、師弟関係《していかんけい》と家族関係《かぞくかんけい》を峻《しゅん》別《べつ》せよ。

㊺

経《けい》営《えい》的《てき》素《そ》質《しつ》は、親《おや》・子《こ》・孫《まご》と必《かなら》ずしもつながらない。
高《こう》慢《まん》で、かつ、謙《けん》虚《きょ》な人《ひと》は見《み》当《あた》らない。

㊻

親子《おやこ》で経営的資質《けいえいてきししつ》がつながらない理由《りゆう》は、親《おや》の苦労《くろう》した時代《じだい》を、子供《こども》は知《し》らないからである。

㊼

民主主義《みんしゅしゅぎ》は厳《きび》しい。貴族主義《きぞくしゅぎ》をあっさりと、粉砕《ふんさい》する。

58

お客様《きゃくさま》は神様《かみさま》だ。しかし時《とき》に暴君《ぼうくん》になる。その際《さい》は、腰《こし》低《ひく》く、ていねいに、説得《せっとく》せよ。

59

部下《ぶか》は、部下《ぶか》であって、部下《ぶか》でない。無能《むのう》な上司《じょうし》には、いつも「反乱《はんらん》」を準備《じゅんび》している。

60

直属《ちょくぞく》の部下《ぶか》は、裏表《うらおもて》のある上司《じょうし》を、一番《いちばん》、最初《さいしょ》に見《み》破《やぶ》る。

61

器《うつわ》のある上司《じょうし》になりたくば、時《とき》に、部下《ぶか》の直言《ちょくげん》を受《う》けとめよ。

⑹

派閥《はばつ》ができるのは、人《ひと》の本能《ほんのう》でもある。しかし、愛《あい》社心《しゃしん》のある人《ひと》は、簡単《かんたん》に外《はず》せない。

㊸

常《つね》に神仏《しんぶつ》への信仰《しんこう》を持《も》っている人《ひと》は、「公正《こうせい》」であろうとする。

⑭

人《ひと》のかげ口《ぐち》を言《い》う癖《くせ》のある人《ひと》とは、常《つね》に、一定《いってい》の距離《きょり》をキープせよ。

㊅

渡《わた》る世間《せけん》は鬼《おに》ばかりではない。必《かなら》ず、あなたを助《たす》けてくれる人《ひと》が、どこかで見《み》ている。

㊻

何事《なにごと》も、才能《さいのう》だけに頼《たよ》るな。人知《ひとし》れず努力《どりょく》する人《ひと》を心《こころ》の中《なか》で「師《し》」と思《おも》え。

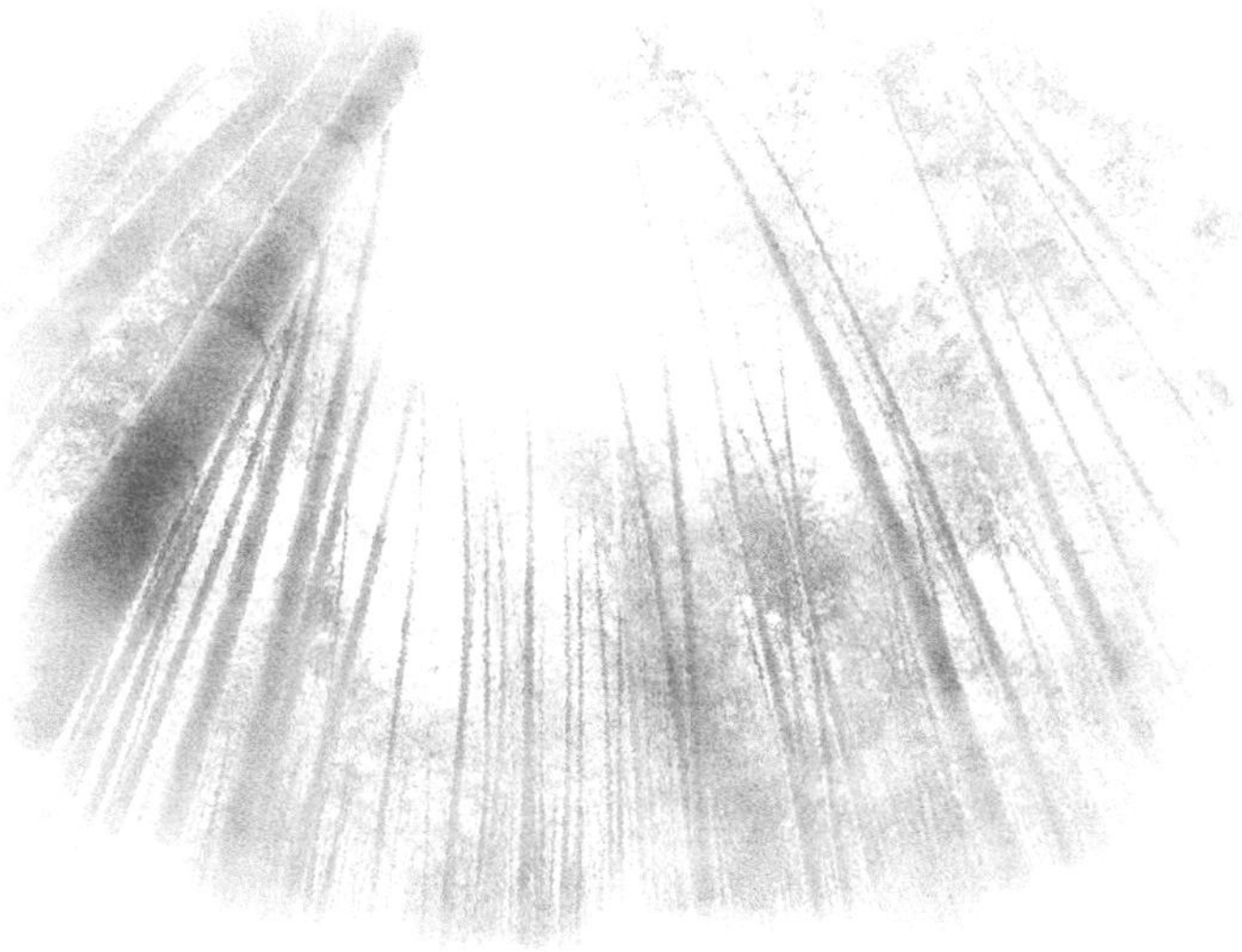

㊲

数字《すうじ》をごまかした報告書《ほうこくしょ》を出《だ》す人《ひと》は、要注意人物《ようちゅういじんぶつ》である。

㊳

「嫉妬《しっと》」は、出世《しゅっせ》のために超《こ》えるための関門《かんもん》である。

69

朝《あさ》の来《こ》ない夜《よる》はない。次《つぎ》の一手《いって》を考《かんが》え抜《ぬ》け。

70

勇気《ゆうき》も実力《じつりょく》。胆力《たんりょく》も実力《じつりょく》。地震《じしん》も津波《つなみ》も恐《おそ》れない
不動心《ふどうしん》を持《も》て。

71

昔《むかし》、中級《ちゅうきゅう》セミナー講義中《こうぎちゅう》、背後《はいご》の看板《かんばん》が落《お》ちた。私《わたし》は一秒《いちびょう》も講義《こうぎ》を中断《ちゅうだん》しなかった。（震度三《しんどさん》）

72

昔《むかし》、一万人《いちまんにん》の講演会中《こうえんかいちゅう》で、四列目《よんれつめ》の男性《だんせい》が立《た》ち上《あ》がって「嘘《うそ》つけ」と叫《さけ》んだ。私《わたし》は宇宙語《うちゅうご》の翻訳機械《ほんやくきかい》の話《はなし》をしていた。私《わたし》の声《こえ》は、もう一段《いちだん》大《おお》きくなった。

㉝

自分《じぶん》が好《す》きなら、自分《じぶん》の嫌《きら》いな人《ひと》は、同《おな》じく嫌《きら》いなはずだと勝手《かって》に思《おも》い込《こ》む人《ひと》がいる。公平無私《こうへいむし》を忘《わす》れたら指導者《しどうしゃ》ではない。

74

頭《あたま》の回転《かいてん》の速《はや》さだけでは不十分《ふじゅうぶん》である。「鈍感力《どんかんりょく》」も、また、指導者《しどうしゃ》の資質《ししつ》である。

⑦⑤

全《すべ》てにおいて優秀《ゆうしゅう》な人《ひと》ではなく、一部《いちぶ》だけでも優《ゆう》秀《しゅう》な人《ひと》を、適正《てきせい》に尊敬《そんけい》しよう。

76

経営者《けいえいしゃ》には苦労《くろう》が多《おお》い。時々《ときどき》、頭《あたま》の上《うえ》に積《つ》もった雪《ゆき》を払《はら》いのけよ。

㊆㊆

和《わ》して同《どう》じず。チームワークの中心《ちゅうしん》に、経営理念《けいえいりねん》を一本通《いっぽんとお》せ。

⑱

嫉妬心《しっとしん》や競争心《きょうそうしん》がグラグラと沸《わ》いて来《く》るようなら、あなたは、まだ、本業《ほんぎょう》で成功《せいこう》していない。

79

経営者《けいえいしゃ》には、異性《いせい》の誘惑《ゆうわく》は多《おお》かろう。ただ、男《おとこ》の魅《み》力《りょく》は、最終結論《さいしゅうけつろん》を間違《まちが》わない自信《じしん》からも来《く》ることを知《し》れ。

80

子供《こども》はかわいい。しかし情《じょう》に溺《おぼ》れたら、経営者《けいえいしゃ》は、部下《ぶか》の信頼《しんらい》を失《うしな》う。

㉛

ストレスに弱《よわ》い経営者《けいえいしゃ》は早死《はやじ》にする。

82

健康《けんこう》年齢《ねんれい》を伸《の》ばすことは、半分《はんぶん》は「努力《どりょく》」で、残《のこ》り半分《はんぶん》は、「習慣《しゅうかん》の力《ちから》」である。

83

「老害《ろうがい》」を言《い》われ始《はじ》めたら、五年後《ごねんご》、十年後《じゅうねんご》の「弾《たま》」を準備《じゅんび》せよ。

⑧④

自《じ》分《ぶん》の客《きゃっ》観《かん》的《てき》実《じつ》力《りょく》を把《は》握《あく》しておくことが、常《つね》に大《だい》事《じ》である。

85

利益《りえき》の出《で》ない事業《じぎょう》は、必《かなら》ず潰《つぶ》れる。赤字《あかじ》は犯罪《はんざい》で、
黒字《くろじ》は天命《てんめい》であると思《おも》え。

86

気《き》の弱《よわ》い人《ひと》よ。「利益《りえき》は事業継続《じぎょうけいぞく》のコストである。」
というドラッカーの言葉《ことば》を思《おも》い出《だ》せ。

87

「リベラル」は「愛《あい》」ではなく、なだらかに地《じ》獄《ごく》へと続《つづ》く、舗《ほ》装《そう》道《どう》路《ろ》である。

88

従業員《じゅうぎょういん》の家族《かぞく》を護《まも》るためにも、営業員《えいぎょういん》は、二枚腰《にまいごし》、三枚腰《さんまいごし》で粘《ねば》り抜《ぬ》け。

89

信者《しんじゃ》とは、長年《ながねん》のリピーターのことである。宗教《しゅうきょう》の本道《ほんどう》は、経営《けいえい》の王道《おうどう》につながる。

⑨⓪

営業《えいぎょう》とは、しつこさや、小手先《こてさき》の言《い》い訳《わけ》のことではない。誠実《せいじつ》な弾《たま》を、相手《あいて》の心《こころ》の中心《ちゅうしん》に撃《う》ち込《こ》むことだ。

⑼⑴

年齢《とし》をとっても、いつも、さわやかであれ。そして、颯爽《さっそう》としていることを心《こころ》がけよ。

㊾

コロナパンデミックも、戦争《せんそう》も、いつかは終《お》わる。
その先《さき》の未来《みらい》の建設《けんせつ》を考《かんが》え続《つづ》けよ。

93

「経営《けいえい》の神様《かみさま》」とは、智慧《ちえ》のかたまりである。どんな技《わざ》でも使《つか》い分《わ》ける。

㊾

この世《よ》の一隅《いちぐう》を照《て》らし、幸福《こうふく》の輪《わ》を広《ひろ》げよ。

95

嘘《うそ》をつかない政治家《せいじか》、嘘《うそ》をつかない経営者《けいえいしゃ》。百歳《ひゃくさい》でも、そう言《い》われたいものだ。

⑯

あらゆる不幸《ふこう》と、あらゆる苦《くる》しみ、悲《かな》しみの中《なか》で、
闇夜《やみよ》の一灯《いっとう》であり続《つづ》けよ。

㊼

経営《けいえい》の中《なか》に悟《さと》りを求《もと》めよ。
神仏《しんぶつ》の御《み》手《て》足《あし》となれ。

⑱

与《あた》える愛《あい》となれ。生《い》かす愛《あい》となれ。許《ゆる》す愛《あい》となれ。
存在《そんざい》の愛《あい》となれ。

⑲

この世《よ》の成功《せいこう》を、神仏《しんぶつ》の栄光《えいこう》で満《み》たそうとせよ。

⑩⑩

この地球上《ちきゅうじょう》のどこかに、あなたの志《こころざし》を継《つ》ぐ者《もの》が必《かなら》ずいる。後継者《こうけいしゃ》への言葉《ことば》を遺《のこ》せ。

（解説・あとがき）

『コロナ時代の経営心得』と題した。しかし大事なのは、疫病《えきびょう》対策《たいさく》ではない。

たといどのような環境や社会情勢の中にあっても、「生き抜く智恵」を持つことこそ、本書のメイン・テーマである。

この意味で、たとえ本の題が変わっても、本書の教訓は、百年後も、二百年後も生き続けるだろう。

信仰と経営の融合《ゆうごう》こそ、真の発展《はってん》・繁栄《はんえい》の時代の王道なのだ。

二〇二三年　一月十五日

幸福《こうふく》の科学《かがく》グループ創始者兼総裁《そうししゃけんそうさい》　大川隆法《おおかわりゅうほう》

☆著者注……なお、本書を書き下ろすにあたって、松下幸之助《まつしたこうのすけ》霊の支援を受けた。

コロナ時代《じだい》の経営心得《けいえいこころえ》

2023年 2 月 1 日　初版第 1 刷

著　者　　大《おお》　川《かわ》　隆《りゅう》　法《ほう》

発行所　　幸福の科学出版株式会社

〒107-0052 東京都港区赤坂 2 丁目 10 番 8 号
TEL(03)5573-7700
https://www.irhpress.co.jp/

印刷・製本　株式会社 堀内印刷所

落丁・乱丁本はおとりかえいたします

ISBN978-4-8233-0408-8 C0030

大川隆法ベストセラーズ・コロナ時代を生き抜く智恵

コロナ不況下のサバイバル術

1,650円

恐怖ばかりを煽《あお》るメディア報道の危険性や問題点、今後の経済の見通し、心身両面から免疫力を高める方法など、コロナ危機を生き延びる武器となる一冊。

コロナ不況にどう立ち向かうか

1,650円

コロナ・パンデミックはまだ終わらない──。政府や自治体に頼らず、経済不況下を強靭に生き抜く「智慧」とは。勇気と希望を呼び起こす源泉が、ここに。

P.F.ドラッカー「未来社会の指針を語る」

1,650円

時代が要請する「危機のリーダー」とは？ 世界恐慌も経験した「マネジメントの父」ドラッカーが語る、「日本再浮上への提言」と「世界を救う処方箋」。

減量の経済学

やらなくてよい仕事はするな

2,200円

バラマキや分配では未来はない。今こそ勤勉の精神を取り戻すとき──。仕事や家計、政府の政策の"無駄"を見極める、本当の「新しい資本主義」を提言。

El Cantare 大川隆法 Original Songs

THE EXORCISM《ジ・エクソシズム》

―不成仏霊撃退祈願曲―

作曲 大川隆法

CD

発売 幸福の科学出版

1,100円

言葉を使わず全世界で除霊ができれば、強い武器になる──。天上界から降ろされた最強のエクソシズム曲。

THE THUNDER《ザ・サンダー》

―コロナウィルス撃退曲―

作曲 大川隆法

CD

発売 幸福の科学出版

1,100円

中国発・新型コロナウィルスを打ち祓う「電撃一閃」サウンド！ 天上界から降ろされた勇壮な楽曲。

幸福の科学出版 ※表示価格は税込10％です。

経営と人望力

成功しつづける経営者の資質とは何か

豪華装丁
函入り

年代別の起業成功法、黒字体質をつくるマインドと徳、リーダーの条件としての「人望力」など、実務と精神論の両面から「経営の王道」を伝授。

富の創造法

激動時代を勝ち抜く経営の王道

豪華装丁
函入り

個人も社会も、そして日本も豊かになるために──。時代に左右されない「正攻法」で未来の勝ち筋を見出し、日本を再度、勝ち組に戻すために編まれた経営書。

経営とは、実に厳しいもの。

逆境に打ち克つ経営法

豪華装丁
函入り

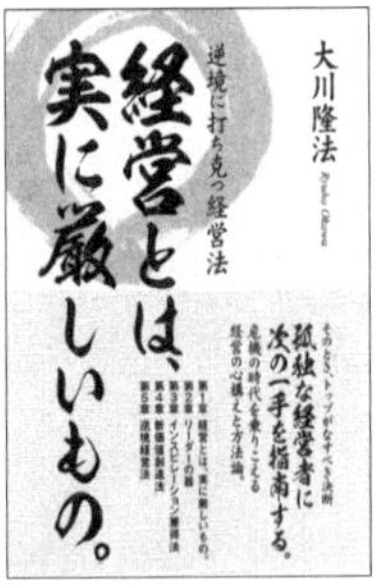

危機の時代を乗り越え、未来を勝ち取るための、次の一手を指南する。「人間力」を磨いて「組織力」を高める要諦が凝縮された、経営の必読書。

経営戦略の転換点

危機を乗りこえる経営者の心得

豪華装丁
函入り

経営者は、何を「選び」、何を「捨て」、そして何を「見抜く」べきか。"超"乱気流時代を生き抜く経営マインドと戦略ビジョンを示した一冊。

各 11,000 円

大川隆法ベストセラーズ・経営者に贈る

経営の創造

新規事業を立ち上げるための要諦

2,200円

才能の見極め方、新しい「事業の種」の探し方、圧倒的な差別化を図る方法など、深い人間学と実績に裏打ちされた「経営成功学」の具体論が語られる。

経営が成功するコツ

実践的経営学のすすめ

1,980円

付加価値の創出、マーケティング、イノベーション、人材育成……。ゼロから事業を起こし、大企業に育てるまでに必要な「経営の要諦」が示される。

「経営成功学の原点」としての松下幸之助の発想

1,650円

「商売」とは真剣勝負の連続である！「ダム経営」「事業部制」「無借金経営」等、経営の神様・松下幸之助の経営哲学の要諦を説き明かす。

松下幸之助「事業成功の秘訣」を語る

1,540円

「起業家精神」を奪う政府の問題点、「ネット社会における経営」の落とし穴など、景気や環境に左右されない事業成功の法則を「経営の神様」が伝授！

危機突破の社長学

一倉定の「厳しさの経営学」入門

1,650円

経営の成功とは、鍛え抜かれた厳しさの中にある。生前、5000社を超える企業を立て直した、名経営コンサルタントの社長指南の真髄がここに。

イノベーション経営の秘訣

ドラッカー経営学の急所

1,650円

20世紀の知的巨人・ドラッカーの「経営思想」の勘所を説き明かした一書。「勝つべくして勝つ」組織をつくるための「経営の兵法」が、ここに。

幸福の科学出版　※表示価格は税込10％です。

大川隆法ベストセラーズ・志と徳あるリーダーを目指して

人格力

**優しさと厳しさの
リーダーシップ**

1,760円

月刊「ザ・リバティ」に連載された著者の論稿を書籍化。ビジネス成功論、リーダー論、そして、日本を成長させ、世界のリーダーとなるための「秘術」が書き込まれた一冊。

常勝の法

**人生の勝負に勝つ
成功法則**

1,980円

人生全般にわたる成功の法則や、不況をチャンスに変える方法など、あらゆる勝負の局面で勝ち続けるための兵法を明かす。

不動心

**人生の苦難を
乗り越える法**

1,870円

本物の自信をつけ、偉大なる人格を築くための手引書。蓄積の原理、苦悩との対決法など、人生に安定感をもたらす心得が語られる。

嘘をつくなかれ。

1,650円

「知的正直さ」は、あなたを無限に成長させる――。ビジネスで重要な「信用」を勝ち得る秘訣とは。人生を成功させる、シンプルで大切な智慧がここに。

生涯現役人生

**100歳まで幸福に
生きる心得**

1,650円

何歳からでも、心がけ次第で道は開ける――。心も体も頭も若返らせながら、健やかで豊かに生きる「生涯現役」の秘訣を説いた「長寿時代の幸福論」。

帝王学の築き方

**危機の時代を生きる
リーダーの心がけ**

2,200円

追い風でも、逆風でも前に進むことがリーダーの条件である――。帝王学をマスターするための智慧が満載された、経営者から若手社員まで必読の一書。

幸福の科学グループのご案内

宗教、教育、政治、出版などの活動を通じて、地球的ユートピアの実現を目指しています。

幸福の科学

一九八六年に立宗。信仰の対象は、地球系霊団の最高大霊、主エル・カンターレ。世界百六十八カ国以上の国々に信者を持ち、全人類救済という尊い使命のもと、信者は、「愛」と「悟り」と「ユートピア建設」の教えの実践、伝道に励んでいます。

（二〇二三年一月現在）

愛

幸福の科学の「愛」とは、与える愛です。これは、仏教の慈悲《じひ》や布施《ふせ》の精神と同じことです。信者は、仏法真理をお伝えすることを通して、多くの方に幸福な人生を送っていただくための活動に励んでいます。

悟り

「悟り」とは、自らが仏の子であることを知るということです。教学《きょうがく》や精神統一によって心を磨き、智慧《ちえ》を得て悩みを解決すると共に、天使・菩薩《ぼさつ》の境地を目指し、より多くの人を救える力を身につけていきます。

ユートピア建設

私たち人間は、地上に理想世界を建設するという尊い使命を持って生まれてきています。社会の悪を押しとどめ、善を推し進めるために、信者はさまざまな活動に積極的に参加しています。

海外支援・災害支援

国内外の世界で貧困や災害、心の病で苦しんでいる人々に対しては、現地メンバーや支援団体と連携して、物心両面にわたり、あらゆる手段で手を差し伸べています。

自殺を減らそうキャンペーン

年間約２万人の自殺者を減らすため、全国各地で街頭キャンペーンを展開しています。

公式サイト **www.withyou-hs.net**

自殺防止相談窓口

受付時間　火～土:10～18時（祝日を含む）

TEL **03-5573-7707** メール **withyou-hs@happy-science.org**

ヘレンの会

ヘレン・ケラーを理想として活動する、ハンディキャップを持つ方とボランティアの会です。視聴覚障害者、肢体不自由な方々に仏法真理を学んでいただくための、さまざまなサポートをしています。

公式サイト **www.helen-hs.net**

入会のご案内

幸福の科学では、大川隆法総裁が説く仏法真理《ぶっぽうしんり》をもとに、「どうすれば幸福になれるのか、また、他の人を幸福にできるのか」を学び、実践しています。

入会

仏法真理を学んでみたい方へ

大川隆法総裁の教えを信じ、学ぼうとする方なら、どなたでも入会できます。入会された方には、『入会版「正心法語《しょうしんほうご》」』が授与されます。

入会ご希望の方はネットからも入会申し込みができます。

happy-science.jp/joinus

三帰《さんき》誓願《せいがん》

信仰をさらに深めたい方へ

仏弟子としてさらに信仰を深めたい方は、仏《ぶっ》・法《ぽう》・僧《そう》の三宝《さんぼう》への帰依を誓う「三帰誓願式」を受けることができます。三帰誓願者には、『仏説・正心法語』『祈願文《きがんもん》①』『祈願文②』『エル・カンターレへの祈り』が授与されます。

幸福の科学 サービスセンター

TEL 03-5793-1727

受付時間／
火～金:10～20時
土・日祝:10～18時
（月曜を除く）

幸福の科学 公式サイト

happy-science.jp

仏法真理塾「サクセスNo.1」

全国に本校・拠点・支部校を展開する、幸福の科学による信仰教育の機関です。小学生・中学生・高校生を対象に、信仰教育・徳育にウエイトを置きつつ、将来、社会人として活躍するための学力養成にも力を注いでいます。

TEL 03-5750-0751（東京本校）

エンゼルプランV

東京本校を中心に、全国に支部教室を展開。信仰をもとに幼児の心を豊かに育む情操教育を行い、子どもの個性を伸ばして天使に育てます。

TEL 03-5750-0757（東京本校）

エンゼル精舎

乳幼児が対象の、託児型の宗教教育施設。エル・カンターレ信仰をもとに、「皆、光の子だと信じられる子」を育みます。

（※参拝施設ではありません）

不登校児支援スクール「ネバー・マインド」

TEL 03-5750-1741

心の面からのアプローチを重視して、不登校の子供たちを支援しています。

ユー・アー・エンゼル！（あなたは天使！）運動

障害児の不安や悩みに取り組み、ご両親を励まし、勇気づける、障害児支援のボランティア運動を展開しています。

一般社団法人 ユー・アー・エン

TEL 03-6426-7797

NPO活動支援

学校からのいじめ追放を目指し、さまざまな社会提言をしています。また、各地でのシンポジウムや学校への啓発ポスター掲示等に取り組む一般財団法人「いじめから子供を守ろうネットワーク」を支援しています。

いじめから子供を守ろうネットワーク

公式サイト mamoro.org　ブログ blog.mamoro.org

相談窓口 TEL.03-5544-8989

百歳まで生きる会～いくつになっても生涯現役～

幸福の科学

「百歳まで生きる会」は、生涯現役人生を掲げ、友達づくり、生きがいづくりを通じ、一人ひとりの幸福と、世界のユートピア化のために、全国各地で友達の輪を広げ、地域や社会に幸福を広げていく活動を続けているシニア層（55歳以上）の集まりです。

【サービスセンター】TEL 03-5793-1727

シニア・プラン21

「生涯現役人生」を目指すための「百歳まで生きる会」の研修部門として、活動しています。心を見つめ、新しき人生の再出発、社会貢献を目指しています。

【サービスセンター】TEL 03-5793-1727

幸福実現党

幸福実現党 釈量子サイト
shaku-ryoko.net
Twitter **釈量子@shakuryoko**で検索

内憂外患《ないゆうがいかん》の国難に立ち向かうべく、2009年5月に幸福実現党を立党しました。創立者である大川隆法党総裁の精神的指導のもと、宗教だけでは解決できない問題に取り組み、幸福を具体化するための力になっています。

幸福実現党　党員募集中

あなたも幸福を実現する政治に参画しませんか。

＊申込書は、下記、幸福実現党公式サイトでダウンロードできます。
住所：〒107-0052　東京都港区赤坂2-10-8 6階 幸福実現党本部
TEL **03-6441-0754**　FAX **03-6441-0764**
公式サイト **hr-party.jp**

HS政経塾

大川隆法総裁によって創設された、「未来の日本を背負う、政界・財界で活躍するエリート養成のための社会人教育機関」です。既成の学問を超えた仏法真理を学ぶ「人生の大学院」として、理想国家建設に貢献する人材を輩出するために、2010年に開塾しました。現在、多数の市議会議員が全国各地で活躍しています。

TEL **03-6277-6029**
公式サイト **hs-seikei.happy-science.jp**

出版 メディア 芸能文化 幸福の科学グループ

幸福の科学出版

大川隆法総裁の仏法真理の書を中心に、ビジネス、自己啓発、小説など、さまざまなジャンルの書籍・雑誌を出版しています。他にも、映画事業、文学・学術発展のための振興事業、テレビ・ラジオ番組の提供など、幸福の科学文化を広げる事業を行っています。

アー・ユー・ハッピー？
are-you-happy.com

ザ・リバティ
the-liberty.com

幸福の科学出版
TEL **03-5573-7700**
公式サイト **irhpress.co.jp**

THE FACT
ザ・ファクト
マスコミが報道しない
「事実」を世界に伝える
ネット・オピニオン番組

YouTubeにて
随時好評
配信中！

ザ・ファクト 検索

NEW STAR PRODUCTION

ニュースター・プロダクション

「新時代の美」を創造する芸能プロダクションです。多くの方々に良き感化を与えられるような魅力あふれるタレントを世に送り出すべく、日々、活動しています。 公式サイト **newstarpro.co.jp**

ARI Production

ARI《アリ》 Production《プロダクション》

タレント一人ひとりの個性や魅力を引き出し、「新時代を創造するエンターテインメント」をコンセプトに、世の中に精神的価値のある作品を提供していく芸能プロダクションです。 公式サイト **aripro.co.jp**

大川隆法　講演会のご案内

大川隆法総裁の講演会が全国各地で開催されています。講演のなかでは、毎回、「世界教師」としての立場から、幸福な人生を生きるための心の教えをはじめ、世界各地で起きている宗教対立、紛争、国際政治や経済といった時事問題に対する指針など、日本と世界がさらなる繁栄の未来を実現するための道筋が示されています。

22年7月7日 さいたまスーパーアリーナ
い人生観の打破」

2019年7月5日 福岡国際センター
「人生に自信を持て」

2019年10月6日 ザ ウェスティン ハーバーキャッスル トロント(カナダ)
「The Reason We Are Here」

2011年3月6日 カラチャクラ広場(インド)
「The Real Buddha and New Hope」

2019年3月3日 グランド ハイアット 台北(台湾)
「愛は憎しみを超えて」

講演会には、どなたでもご参加いただけます。
最新の講演会の開催情報はこちらへ。⟹

大川隆法総裁公式サイト
https://ryuho-okawa.org